AF273648

Carlos Reviejo

VERSOS A LA LUZ DE LA LUNA

Ilustraciones de María Rico

IGLÚ

IGLÚ

VERSOS A LA LUZ DE LA LUNA

© Texto: Carlos Reviejo
© Ilustraciones: María Rico
© de esta edición: IGLÚ, 2025

ISBN: 978-84-18488-75-7
Depósito legal: V-3558-2025
Impreso en España

KALOSINI, S. L.
Grupo editorial olélibros
equipo@olelibros.com
www.iglu.com

*A los que cada día luchan
por hacer que este mundo
sea más justo y solidario.*
Carlos Reviejo

*A Telma, Martina, Emma, Pol y Max,
mis pequeños exploradores.*
María Rico

ÍNDICE

PREGÓN

—¡Vendo lunas y luceros,
estrellitas plateadas
y también la voz del viento!

—¡Calla tu voz, pregonero,
que ya la noche ha venido,
y están los campos durmiendo!

Y en vez de guardar silencio,
se oyó en medio de la noche
la nana del pregonero:

—«Escuchad bien mis pregones,
que hoy vengo vendiendo sueños
para bordar almohadones.

Sueños que no cuestan nada,
hechos con luz de la luna
y el sol de la madrugada».

Esta noche tibia,
como ya es verano,
dará un concierto
la orquesta del campo.

Dirige la luna
un coro de estrellas:
canción de la noche
del campo que sueña.

Violines, los grillos,
trombones, las ranas,
y tocará el viento
las flautas de caña.

Esta noche, el campo,
al llegar el alba,
soñará con duendes,
soñará con hadas.

CABALLITO DEL SUEÑO

Caballito del sueño,
¡qué alto tu vuelo!,
por los cielos contigo
volar yo quiero.

Llévame hasta la luna,
que hoy está llena,
a llenarme de luz
de las estrellas.

Caballito sin alas
que trae el viento,
debajo de mi almohada
deja mis sueños.

LOS DESEOS DEL ARROYO

A mi amigo Antonio García Teijeiro,
almirante del Mar de los Sueños

Le dijo el arroyo al río:
—Llévame contigo al mar,
que son dulces nuestras aguas,
y a mí me gusta la sal.

Que quiero sentir la brisa
y el vuelo de gaviotas,
y dormir sobre la arena
al arrullo de las olas.

Y ver sobre el horizonte
navegar a los veleros,
y sentir sobre mis aguas
la caricia de los vientos.

Y en noches de plenilunio,
sentir temblar a la luna
y chocar contra las rocas
y convertirme en espuma.

Anda, río, no seas malo,
llévame contigo al mar,

porque yo soy de agua dulce,

y a mí me gusta la sal.

EL VIENTO EN LOS PINOS

Murmura el viento en los pinos
historias que trae de lejos,
y la tarde se adormece
y el bosque guarda silencio.
Desde su balcón, la luna
va sus rayos extendiendo,
y con su pincel de plata
pinta de azul los senderos.
Los grillos, desde lo oscuro,
entonan ya sus conciertos,
y el campo cierra los ojos
y va en busca de sus sueños.

SE HA DORMIDO LA LUNA

*En memoria de Laura,
estrella que encontró su cielo*

Se ha dormido la luna
sobre unas nubes
de algodones y espuma,
de gasa y tules.

Se ha dormido la luna,
¿quién la ha dormido?
—La canción de la noche
que canta el grillo.

Se ha dormido la luna,
la noche es negra,
y la alumbran las luces
de las luciérnagas.

Se ha dormido la luna.
Cantan los gallos,
anunciando que el día
ya está llegando.

Ruiseñor de la ribera,
¿a qué esperas?
Cántame ya tu canción,
que llegó la primavera
y de hierbas y de flores
están llenas las praderas.
Ruiseñor de la ribera,
¿a qué esperas?

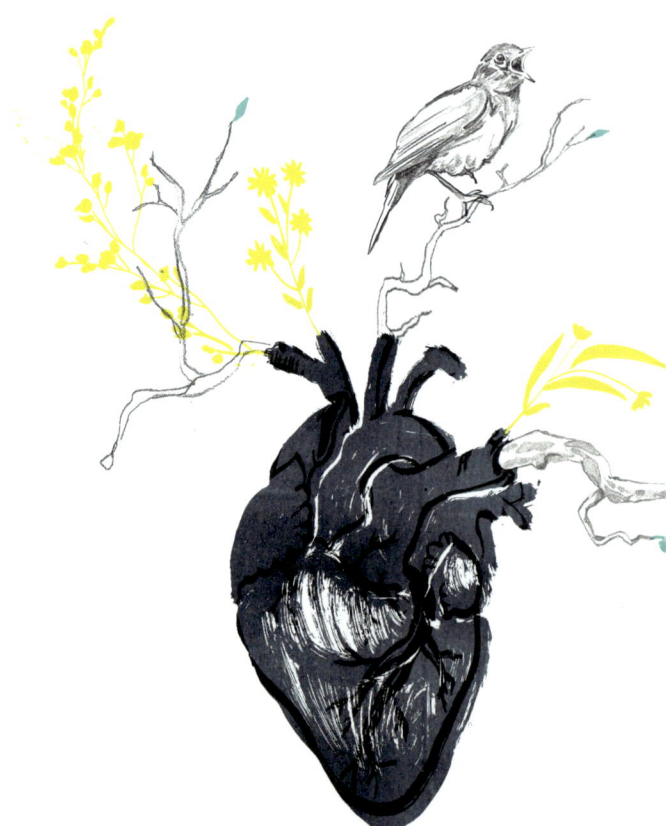

LLEGÓ MAYO CON SUS FLORES

Tendido perezoso sobre el verde,
que entre marzo y abril le habían prestado,
el campo sesteaba en la ladera,
y entre aromas y flores llegó mayo
y lo vistió con rojas amapolas
y blancas margaritas en los prados.
De oro lo adornó con los piornos
y lo puso morado con el cardo.
El campo, ya despierto, sonreía
y gracias por sus flores le dio a mayo.

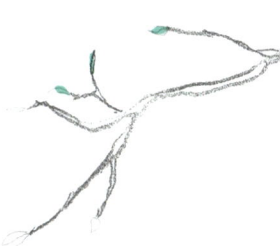

EN MI BARCO DE PAPEL

En mi barco de papel,
por la ruta de los sueños,
navegaba por los mares
en busca de islas de ensueño.

Con el mapa de un pirata,
iba buscando un tesoro:
arrecifes de corales
y pececillos de oro.

Navegué la noche entera
bajo la luz de la luna
y busqué por mil bahías,
pero no tuve fortuna.

El sol llamó a mi ventana,
y trajo la madrugada.
Otra noche buscaré
mis sueños bajo la almohada.

VERSOS PARA OLIVIA

Si mis versos fueran viento,
los convertiría en cometas
para tus juegos.

Si mis versos fueran perlas,
con ellos te haría un collar
para tu cuello.

Si mis versos fueran brisa,
los convertiría en labios
para tus besos.

Si mis versos fueran nubes,
con ellos te haría una cuna
para tus sueños.

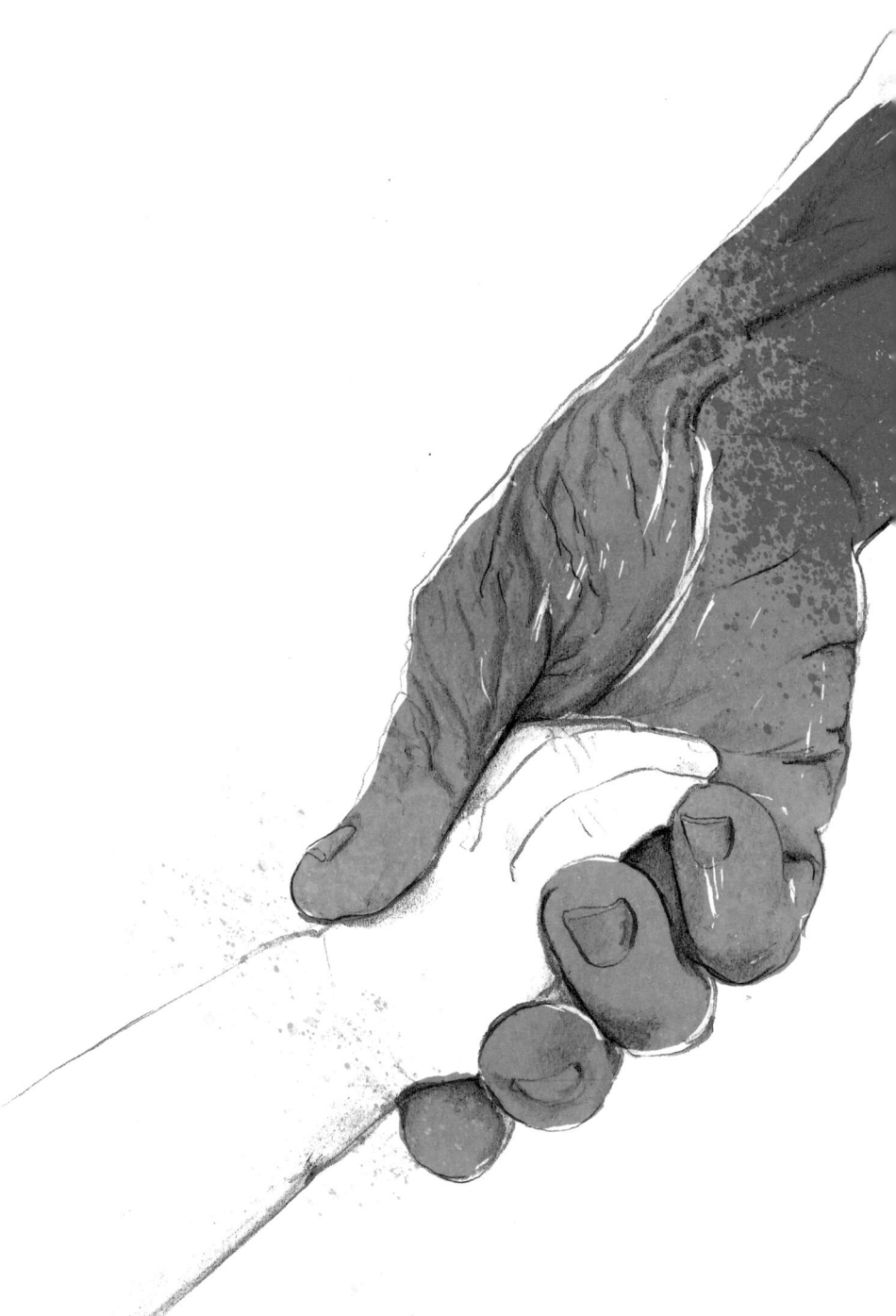

Con la flor de la jara,
se adorna el campo.
Con la flor de la jara,
se anuncia mayo.

Ya los trigos encañan,
se aroma el aire,
y en el monte el romero
sus flores abre.

Con la flor de la jara,
blanco está el campo.
Con la flor de la jara,
se asoma mayo.

Canta el cuco en los robles,
vuela la alondra
y enrojecen los prados
las amapolas.

Con la flor de la jara,
se alegra el campo.
Con la flor de la jara,
ya llegó mayo.

NOCHE EN EL CASTAÑAR DE EL TIEMBLO

Canta la garganta
murmullos del agua
que nació en la fuente
que hay en la montaña.

El cárabo grita;
la noche se rompe,
y entre los castaños
el miedo se esconde.

A pintar mil sombras
hoy la luna juega,
y se va perdiendo
entre la arboleda.

El viento enmudece.
Ya todo es silencio.
El Castañar duerme
buscando sus sueños.

El Tiemblo, 18 de agosto de 2019

BALLET DE OTOÑO

Al son del viento,
ritmo sonoro,
las hojas secas,
alados gnomos,
danzan y danzan
jugando al corro.

Dorada lluvia
de hojas de oro.
Hasta el robledo,
llegó el otoño.

LA LUNA Y YO

A mis hijos

En el jardín de los cielos,
una luna jardinera
sueña que siembra luceros.

La luna y yo, compañeros.
La luna y yo, el mismo sueño.

Rastros de luz, los cometas
van rayando el firmamento
con la luz de sus estelas.

La luna y yo, compañeros.
La luna y yo, el mismo cielo.

La aurora ya pide paso,
y se apagan las estrellas.
La luna se va llorando.

La luna y yo, compañeros.
La luna y yo, el mismo llanto.

CAMPANA

—Señora Campana,
¿a qué suena usted?
—A viento y a bronce,
a voces de ayer
y a trinos de pájaros
que no han de volver.

—Señora Campana,
¿por qué calla usted?
—Porque entre montañas
el sol ya se fue
y salió el lucero
del anochecer.

—Señora Campana,
¿por qué llora usted?
—Porque el tiempo pasa
y se fue el ayer,
y lo que ayer fuimos
ya no vuelve a ser.

NOCTURNO

Entre los pinares,
el viento susurra
y entonan los grillos
su canción nocturna.
En el alto nido,
la paloma arrulla,
y el cantar del cuco
muy lejos se escucha.
Pastora encendida,
vigila la luna
rebaños de nubes,
de sombras y brumas.
El campo se duerme,
y el agua murmura
bajo los alisos
su canción de cuna.

VIENE LA PRIMAVERA

Vino marzo florido
con una cesta
de jacintos, narcisos
y hierbabuena.

También trajo las copas
de tulipanes,
para beber las lluvias
primaverales.

Y los alegres trinos
de los jilgueros,
y el vuelo por el aire
de los vencejos.

Vino marzo cantando
canciones nuevas.
En su cesta traía
la primavera.

PAISAJE CON LLUVIA

Llueve.

Perlitas de cristal
en las ramas desnudas
del rosal.

Llueve.

En los charcos del suelo,
se repiten las nubes
del cielo.

Llueve.

Hay barro en los caminos,
y silencian los pájaros
sus trinos.

Llueve.

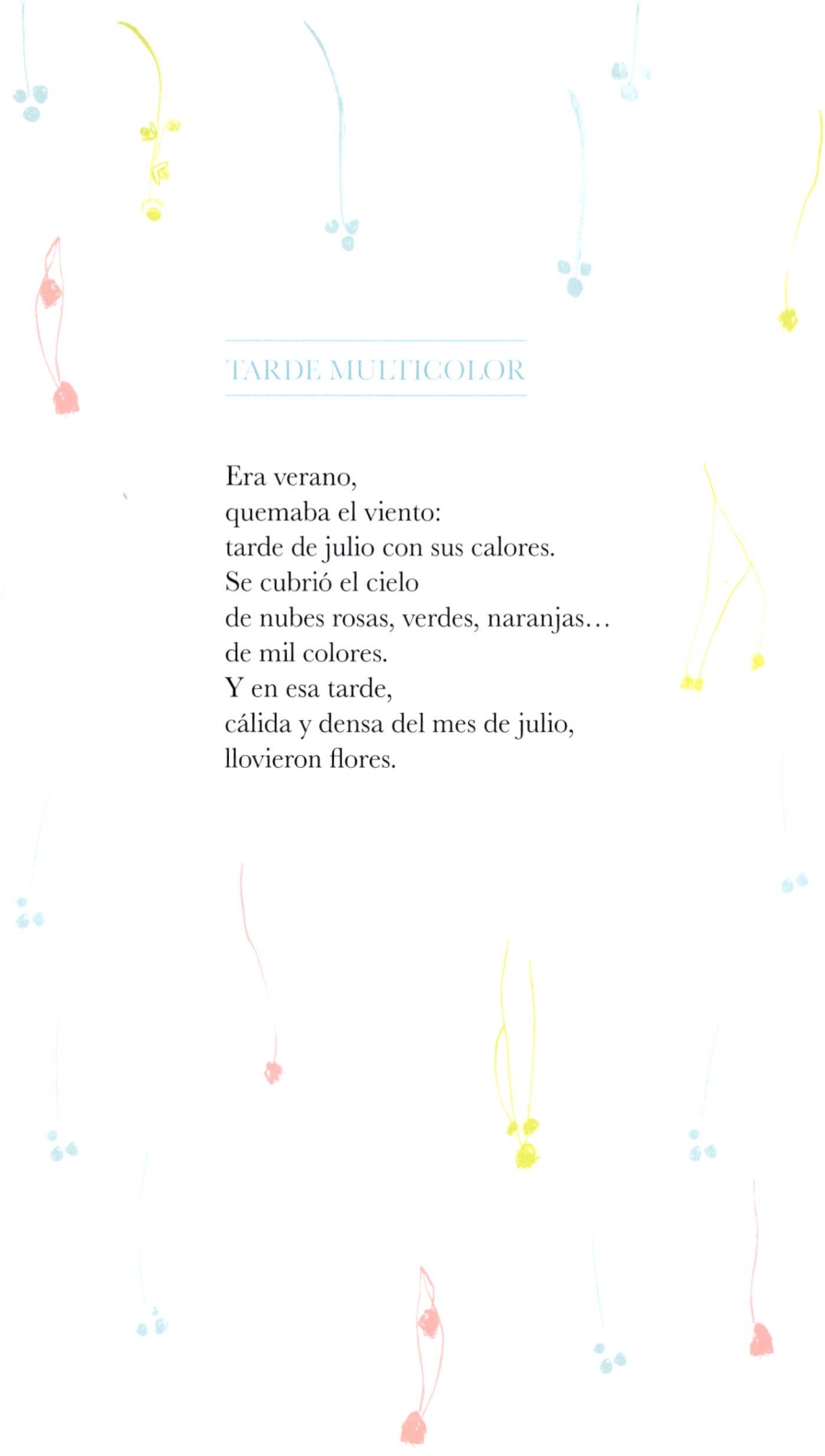

TARDE MULTICOLOR

Era verano,
quemaba el viento:
tarde de julio con sus calores.
Se cubrió el cielo
de nubes rosas, verdes, naranjas…
de mil colores.
Y en esa tarde,
cálida y densa del mes de julio,
llovieron flores.

ANUNCIO

Yo vendo una noche
muy limpia y serena,
con coro de grillos
y luz de luciérnagas.
Yo vendo una noche
cuajada de estrellas,
que incluye un lucero
y una luna llena.
Los interesados
envíen ofertas.
Absténgase aquellos
que no sean poetas.

NOCHE EN EL PINAR

Pinos.

La luna llena ilumina
la cinta de los caminos.

Pinos.

Por las laderas abajo,
baja el arroyo dormido.

Pinos.

Los alisos de la orilla
tiemblan de miedo y de frío.

Pinos.

Entre las jaras, entonan
su serenata los grillos.

Pinos.

CANCIÓN DEL SAPO ENAMORADO

En las sombras de la noche,
canta el sapo su tonada.
Se enamoró de la luna,
y entre los juncos la llama.
Pero la luna se oculta
sonriendo en la montaña,
y el sapo, muy triste, llora
al despertar la mañana.

LOS VENCEJOS EN LAS ERAS

Sobre las eras,
a ras de suelo,
entre chillidos,
vuelan vencejos,
que con sus alas
rayan el viento.
Flechas aladas
surcan el cielo,
como si al aire
fueran zurciendo.

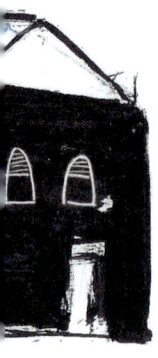

DÍA SIN ESCUELA

Con carámbanos,
amaneció entre el frío
la mañana.
Hoy, la noche
le puso un manto blanco
a la montaña.

En las calles,
sobre la nieve blanca,
mil pisadas.

No hay escuela.
Algarabía de niños
en las plazas.

LA ALONDRA LEVANTA EL VUELO

A Carmen, por tantas cosas,
mientras escucho a Vaughan Williams

Al alba la alondra
su nido dejaba.

Por el horizonte,
la luna se ha ido,
y el viento, entre cañas,
dormita escondido.
El río, sorprendido,
busca la mañana.

Sobre la campiña,
la alondra volaba.

Sauces en la orilla
tiritan de frío.
Espejo que brilla
el agua del río.
Entre escalofríos
llegó la mañana.

La alondra, en el aire,
¡qué alegre cantaba!

PLATERO Y JUAN RAMÓN

En un patio de Moguer,
juega a hacer sombras el sol.
—Muy buenas tardes, Platero.
—¿Qué haces aquí, Juan Ramón?
—Pues, ya ves, rimando versos
para hacer una canción.
Y tú, ¿qué haces, Platero?
—Escuchando al ruiseñor
y bebiendo en este pozo
pedacitos de arrebol.

(Detrás del monte se oculta
la tarde multicolor.)

—Hasta muy pronto, Platero.
—Hasta siempre, Juan Ramón.

ESPERANZA VERDE

Están desnudos los chopos
porque el otoño ha venido,
y con sus manos de viento,
les fue quitando el vestido.
¡Ay, cómo tiemblan sus ramas!
¡Cómo tiritan de frío!
Y están ahora esperando,
en las orillas del río,
una nueva primavera,
para que venga a vestirlos.

A Enrique, a Joaquín, a Pedro, a Antonio,
a Mariano..., a los amigos de mi infancia

Esta tarde trae el viento
olores de mi infancia.
Huele a viejo desván,
huele a manzana,
a almendras de la abuela
y a nieve en la ventana.
Huele a membrillo el aire,
huele a tomillo y jara,
a tarde sin escuela
y a juegos en las plazas.
Huele a resina y humo,
a chocolate y malta.
Huele a verano el aire,
a canto de cigarras,
a cine y a tebeos,
a campo y a nostalgia…
Trae el viento esta tarde
aromas de mi infancia.

LA COMETA Y EL AIRE

—¡No me coges, aire!

Ligera y coqueta,
sube la cometa
encelando al aire.

Y remonta el vuelo
de la tierra al cielo
con gracia y donaire.

Sube, baja y sube...

Se oculta en la nube.

—¡No me coges, aire!

UNA TARDE EN LA LAGUNA

Era tarde tranquila en la laguna,
y en la orilla danzaban los flamencos;
subidos en sus patas imposibles,
en el agua repetían sus cuerpos.
Estaba el cielo azul, pero, de pronto,
algo sonó, y se llevó el silencio.
Aleteos y revuelo de plumas
rompieron al instante los espejos,
y el aire se llenó de mil graznidos
y de rosa se cubrieron los cielos.

TARDE DE TORMENTA

En la tarde gris,
niños en la escuela
leen en el miedo
sus primeras letras.
Se levanta el viento
y relampaguea.
Detrás del cristal,
un trueno resuena,
y gotas de lluvia
golpean la tierra.
La tarde, miedosa,
se hace más pequeña.
Silencio en el aula:
llegó la tormenta.

LOS RECUERDOS DEL ABUELO

Por las calles del pueblo,
pasea el abuelo,
y el viento de la tarde
le trae recuerdos.

Melancolías antiguas,
dulce añoranza,
de las calles que ayer
él caminaba.

Bajo los soportales,
cierra los ojos,
y en sus sueños los niños
cantan a coro.

Mambrú se fue a la guerra,
¡qué dolor, qué dolor, qué pena!
Mambrú se fue a la guerra,
no sé cuándo vendrá.

Algarabía de niños...,
risas y juegos.
Después, abre los ojos,
y se fue el sueño.

LA LUNA Y EL SOL

Lloraba la Luna
porque el Sol no quiere
hoy jugar con ella
a contar luceros,
a contar las nubes
y a contar estrellas.

Y es que el Sol prefiere
irse con la aurora,
a coger mil flores
y a vestir al día
con nuevos ropajes
de bellos colores.

La Luna lloraba,
envuelta en la bruma,
y el Sol se reía.
Que quiere la Luna
jugar por la noche,
y el Sol quiere el día.

SINFONÍA DE LA MAÑANA

A Martín Llade

Dejo mis sueños bajo la almohada.
Por mi ventana entra ya el día.
Como las notas de un pentagrama,
sobre los cables, las golondrinas
trinan arpegios de la mañana.

A mi nieta Olivia

Para ser hortelana,
deja la cama
cuando nazca la aurora
por las mañanas.
Ponte, luego, el sombrero,
coge la azada,
y, al llegar a la huerta,
alegre canta
tu primera canción
en la alborada.
Saca agua del pozo,
riega las plantas,
arranca de los surcos
las hierbas malas,
y recoge los frutos
que hay en las ramas.
Y cuando ya termine
hoy la jornada,
corta claveles rojos
y rosas blancas,
y haz con ellas un ramo
para tu casa.

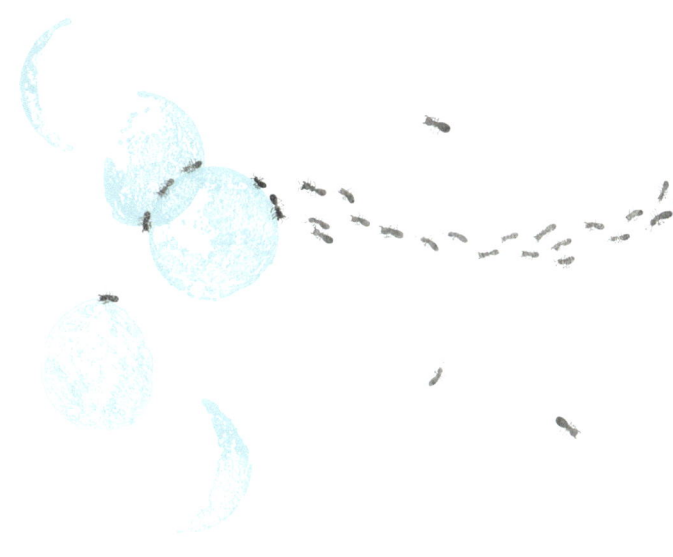

Este libro se terminó de imprimir
en Madrid el 19 de octubre de 2025.